AF500986

TABLEAU HISTORIQUE
ET STATISTIQUE
DE LA MONTAGNE
ET DU VILLAGE
DE BRIMONT,

près de Reims;

Par Povillon-Piérard *de Reims, membre correspondant de la Société d'Agriculture, Commerce, Sciences et Arts du département de la Marne.*

> Montagne intéressante,
> Autrefois comparable à nos vieilles cités,
> Qui décrira ton sol et tes antiquités?
>
> Povillon.

CHÂLONS,
IMPRIMERIE DE BONIEZ-LAMBERT.

1826.

TABLEAU HISTORIQUE

ET STATISTIQUE

DE LA MONTAGNE

ET DU VILLAGE DE BRIMONT.

APRÈS la montagne de Saint-Thierry, située au canton de Bourgogne, arrondissement de Reims, il n'en est pas de plus remarquable que celle de Brimont, qui en est très-proche ; j'ai prouvé la célébrité de la première dans un tableau statistique que je lui ai consacré en 1823, et dont la société savante à laquelle j'ai l'honneur d'appartenir en qualité de membre correspondant, a bien voulu agréer la communication. Ses éloges, trop indulgens sans doute, ont été pour ce premier essai une récompense que j'étais loin d'espérer (1).

Dans la statistique de la montagne de Brimont, je ferai remarquer que sa célébrité remonte à la première invasion des Romains dans les Gaules, et que jusqu'au commencement du XVI.[e] siècle, si funeste à la France par ses guerres avec l'Angleterre, elle a été constam-

(1) Le tableau historique et statistique de la montagne, de l'ancienne abbaye et du village de Saint-Thierry, se lit dans l'Annuaire du département de la Marne, an 1826.

ment le théâtre des événemens désastreux qui ont si souvent désolé le pays rémois, et lui ont fait tant de fois changer de face et d'habitans.

Mais à cette description de la célébrité de Brimont, prouvée par les antiquités et par les monumens trouvés dans le sein de sa montagne, je veux encore, pour remplir entièrement la tâche que je me suis imposée, réunir celle de l'importante utilité de son sol, et par les carrières de grès et de pierre qu'elle renferme, et par les productions abondantes qu'en retire l'industrie de ses bons et laborieux habitans, quoique ce sol soit naturellement peu fertile et le terrain léger et peu substantiel.

En rédigant ce tableau statistique, fruit d'un grand nombre d'excellentes recherches, je n'ai formé qu'un seul vœu, et je n'ai eu qu'un seul but : l'utilité publique. Puisse le succès avoir couronné mes faibles efforts ! (1)

SITUATION TOPOGRAPHIQUE DE BRIMONT.

Brimont est situé sur le penchant oriental d'une montagne, à deux lieues et au nord de la ville de Reims. Son terroir est borné vers le nord par ce-

---

(1) Je dois à M. Larcher, buraliste à Brimont, et à M. Rousseau, économe, régisseur de la terre de M. le vicomte Ruinart de Brimont, une partie de mes recherches historiques et topographiques; le premier en me servant de guide éclairé dans mes excursions sur la montagne de Brimont, et le second en m'aidant de ses avis et de ses lumières pour les découvertes.

lui des villages d'Orainville et Bermericourt, vers le couchant par ceux de Courcy et Loivre, vers le midi par celui de Roquincourt et Betheny, et enfin au levant par ceux de Bourgogne et des Aulmenancourt.

ÉTYMOLOGIE DU NOM DE LA MONTAGNE DE BRIMONT.

Lorsqu'en 1790 on fit sur le mont de Brimont la découverte d'un tombeau antique qu'on a cru être celui de Pharamond, roi de France, mort en 420, et dont j'aurai nécessairement occasion de parler plus loin, on a fait à ce sujet diverses conjectures sur l'étymologie du nom de *Brimont*. Plusieurs ont prétendu qu'il avait été formé de deux mots latins *Bruti mons* ou *mons Bruti*, en français *montagne de Brutus*, et ils ont fait de ces deux mots latins l'étymologie de celui de *Brimont*. Pour moi, je suis éloigné de partager cette opinion qui ne me paraît pas recevable. Je sais pourtant que lorsque Jules César vint porter lui-même ses armes victorieuses dans les Gaules, il plaça, comme il le dit dans ses Commentaires (1), quelques-unes de ses légions dans le pays situé entre la rivière d'Aisne et la ville de Reims, alors capitale d'une république puissante, et qu'il y envoya près de cette ville un jeune officier qu'il nomme *Brutus*, avec le commandement de six cohortes;

(1) *Caii Julii Cæsaris Commentar. de bello Gallico*, lib. 2, pag. 48, et lib. 7, pag. 225.

mais comme ce grand capitaine ne nomme pas l'endroit où il ordonne à ce jeune homme de placer son camp, nous ne pouvons donc pas assurer qu'il ait donné son nom à la montagne, ni pencher par conséquent en faveur des étymologistes du mot latin *Mons Bruti*, ou *Bruti mons*, qu'ils rendent en français par celui de *Brimont*, qui n'est nullement analogique. Il y en a aussi qui ont supposé, peut-être avec autant de vraisemblance, qu'il fallait chercher dans la langue grecque la véritable étymologie de *Brimont*, et que le mot βρι, *bri*, signifie en français *fort*, *élevé*, *puissant*, et que ce motif fut sans doute celui qui avait fait choisir à César la montagne de Brimont pour y asseoir son camp. Nos glossaires en disent autant, en décrivant certains bourgs et certaines villes, et même certaines provinces dont les noms commencent par le mot grec *bri*; l'Itinéraire d'Antonin dit aussi qu'il s'applique à un lieu élevé et couvert de bois, telle qu'était naturellement, au temps de César, la montagne de Brimont. Si l'on se donne la peine de chercher dans le lexicon la véritable signification du mot *bri*, βρι, on n'y trouvera d'autre version que le mot latin *valdè*, qui approche pourtant beaucoup du sens qu'on a voulu lui donner, mais pas assez pour asseoir des conjectures bien fondées.

Enfin on a prétendu, en s'étayant d'une tradition du pays, que la montagne de Brimont avait tiré son nom de l'établissement d'un temple antique que l'on croit avoir été dédié à Proserpine ou Hécate, et l'on sait d'une manière bien certaine que l'un des surnoms de cette divinité du paganisme était en grec βρεμα. Une pareille prétention paraîtrait encore plus dénuée de fondement, si la tradition ne nous avait appris qu'il avait effectivement existé, au pied même de la butte sur laquelle on a placé un moulin à vent, un temple dédié à cette déesse : un témoin oculaire, qui est mort octogénaire il y a deux ans, en 1824, a dit plusieurs fois à M. Ruinart de Brimont, qu'il avait vu les ruines de cet édifice, et qu'il avait travaillé, dans le temps, à en extraire des pierres en forme de colonnes. Cette assertion suffirait, je pense, pour faire adopter aux meilleurs critiques cette dernière étymologie du nom de Brimont, puisqu'elle est la seule dont on puisse rapporter des preuves.

CÉLÉBRITÉ DE LA MONTAGNE DE BRIMONT.

Comme quelques-unes des montagnes qui couronnent la vaste plaine au milieu de laquelle s'élève l'antique cité de Reims, Brimont a été pendant une longue suite de siècles, tantôt le théâtre de la guerre, et tantôt un camp et une place forte; souvent même il a servi de retraite et d'asile aux Rémois, dans des temps calamiteux. Sa situation au milieu d'une plaine, entre deux grandes routes militaires, et à une petite distance de Reims, la rendait très-propre à ces sortes d'établissemens, dans lesquels les armées romaines plaçaient toutes leurs ressources en tout genre, soit pour continuer leurs conquêtes, soit pour les conserver ; c'est aussi ce qu'on est fondé à croire par la seule inspection des lieux (1).

Pour prouver cette partie de la célébrité de la montagne de Brimont, il me suffirait de rappeler ces époques périodiques qui composent l'histoire des révolutions successives qui changèrent si souvent la face de cette montagne, même du village de Brimont ; mais pour ne point passer les bornes étroites d'un tableau statistique, je me contenterai seulement de les indiquer. Je dirai donc que la première et la plus célèbre est celle où, l'an de Rome 700, Jules César, premier empereur romain, se couvrit

(1) Les chemins militaires dont parle Bergier dans son *Histoire des grands Chemins de l'Empire*, étaient au nombre de sept. Le premier sortait de Reims par la porte Bazée, passait par Châlons, Arcy-sur-Aube, Troyes, Auxerre, Autun, Châlons-sur-Saône, Macon, Lyon, Vienne ; et delà, par plusieurs chemins à travers les Alpes, il conduisait à la ville de Milan. Par le moyen de ce chemin, selon les termes de Bergier, la cité de Reims et une infinité d'autres cités tenaient à la ville de Rome. Le second chemin conduisait à Metz. Le troisième aussi à la même ville. Le quatrième chemin sortait par la porte de Cérès, autrefois nommée porte de Trèves, ville à laquelle conduisait ce chemin qui passait à Vaudetré, Juniville, Attigny, Le Chesne, Mouzon, traversait la forêt des Ardennes, et se rendait à Trèves par les villes d'Arlon et d'Echternach, delà dans le duché de Bavière et dans la Hongrie. Le cinquième chemin, le sixième et le septième prenaient à l'ancienne porte de Mars. Le premier allait à Bavay en Hénault, le second conduisait à Térouenne, et le troisième au port de Boulogne. Bergier parle encore de trois autres chemins, dont l'un conduisait à Saint-Quentin, l'autre à Château-Porcien, et le troisième est celui qu'il fit ouvrir dans le jardin des Capucins à Reims. Lorsqu'on jeta, à l'abbaye de Saint-Denis en la même ville, les fondemens d'un nouveau bâtiment, on trouva ce même chemin à douze et quinze pieds de profondeur. (*Dissertation sur les Arcs de triomphe de la ville de Reims*, pag. 13, 3e partie. Reims, Regnauld-Florentin, an 1740).

de gloire dans les Gaules, qu'il conquit avec une diligence incroyable, après en avoir obtenu du Sénat le gouvernement pendant cinq ans ; la seconde où, l'an 407 de l'ère chrétienne, les Vandales, les Suèves et les Alains vinrent assiéger et prendre Reims, et répandre le sang de Nicaise son évêque et de plusieurs de son clergé. C'est alors que les malheureux rémois, qui s'étaient répandus çà et là dans les montagnes voisines de leur ville, pour s'y cacher et s'y décharger des effets les plus précieux qu'ils en avaient emportés, afin de les soustraire au pillage de l'ennemi, choisirent Brimont pour le lieu de leur retraite. La troisième époque vit, en 883, un déluge de normands inonder la Champagne, et y exercer toutes sortes de violences et de cruautés : à cette époque la montagne de Brimont se ressentit des courses sanglantes de ces barbares, qui en diminuèrent beaucoup la population et nuisirent au pays qu'ils dévastèrent en même temps. Dans la quatrième, succédèrent à ces excursions fâcheuses celle des Hongrois qui, non moins terribles que les premiers, fondirent en 926 sur notre infortunée patrie qu'ils n'épargnèrent point, non plus que les pays d'alentour, où ils laissèrent des traces de leur fureur. Enfin la cinquième époque, si importante dans l'histoire de la montagne de Brimont, est celle encore où, pendant la captivité du roi Jean, qui répandait alors la consternation dans toute la France, on vit, le 4 décembre 1359, Edouard III, roi d'Angleterre, venir mettre le siège devant la ville de Reims, avec une armée d'au-moins cent mille hommes, selon le rapport des historiens les moins suspects. Ce monarque voulait s'y faire sacrer avec l'huile de la sainte Ampoule, et légitimer ainsi son usurpation. Il avait placé son quartier général à l'abbaye de saint Basle, sur une montagne, à quatre lieues et au sud de Reims; le prince de Galles, son fils, sur celle de Villedomange, village à deux lieues et au sud-ouest; les comtes de Richemont et de Norenton à l'abbaye de saint Thierry, montagne à deux lieues et au nord-ouest; le duc de Lancastre à Brimont, à deux lieues vers le nord ; le maréchal d'Angleterre et Jean de Beauchamp dans des postes avancés, l'un au village de Cernay, à une lieue et au nord-ouest de Reims, et l'autre au village de Bétheny, même distance et même direction. Le roi ayant été obligé de lever le siége de Reims, le 12 janvier de l'année suivante, parce qu'il avait trouvé cette ville trop bien défendue, ne fit aucun dégât dans le pays qui était alors entièrement ruiné, et où il était difficile de trouver à subsister.

ANTIQUITÉS TROUVÉES SUR LA MONTAGNE DE BRIMONT.

A la célébrité de cette montagne dans nos annales civiles et politiques du pays rémois, se joint encore celle que lui donne la découverte de plusieurs médailles romaines et d'un tombeau antique, tous de la plus belle conservation.

MÉDAILLES.

Les médailles, preuves incontestables du séjour des armées romaines sur la montagne de Brimont, remontent à l'an 27 avant J.-C., et finissent à l'an 308 depuis l'ère chrétienne ; il y en a onze en bronze, et appartiennent au règne d'autant de princes qui ont commandé dans les Gaules ; et toutes ont été trouvées sur la montagne par des ouvriers que M. Ruinart de Brimont, propriétaire de presque toute cette montagne, y employait à des défoncemens de terrain.

La première est de *Caïus Julius Cæsar Octav.*, surnommé Auguste, neveu de César. La figure de ce prince est environnée de la légende que l'on vient de lire ; au-dessus de cette figure on lit : *Unus Rom.* Au revers, on remarque Rémus et Romulus assis et se combattant sous la louve que l'histoire romaine leur a donnée pour nourrice ; le mot *tres* qui se lit au bas du sujet fait présumer, avec *unus Rom.*, que cette médaille a été frappée à l'occasion de la fin du triumvirat, et après l'issue de la bataille d'Actium, trente-un ans avant J.-C.

La seconde est de Germanicus. Autour de la figure du prince, on lit : *Cœs. Aug. Germanicus Pont. m. tr. pot. C.* ; c'est-à-dire *Cæsar Augustus Germanicus, Pontifex maximus, tribunitiâ potestate Consul.* Au revers de la médaille sont représentés à cheval, Néron et Drusus, avec cette inscription : *Nero et Drusus cæsares.* Ces deux princes, compagnons des exploits militaires de Germanicus en Allemagne, étaient les deux aînés de neuf enfans que ce prince avait eus d'Agrippine son épouse, petite fille d'Auguste. Ils avaient été revêtus du titre de césar, à la recommandation de Tibère, et ont partagé avec leur père les grandes victoires que ce prince remporta, l'an 18 de J.-C., sur les Germains rébelles.

La troisième est de Claude, fils de Drusus, avec cette inscription : *Nero Claudius. Cæsar. Augustus. Pontif. maximus.* On sait que ce prince passa par les Gaules pour se rendre en Angleterre, où il triompha l'an 44 de J.-C.; et le camp de Brimont, qui se trouvait sur sa route, aura reçu sinon le tout, du moins une partie de ses soldats auxquels auront été distribués quelques-unes de ses médailles.

La quatrième est de Trajan, surnommé *Marcus Ulpius Crinitus ;* elle porte avec la figure de ce prince l'inscription : *Cæsar. Trajanus. Divus. Augustus.* Proclamé empereur par les soldats, l'an 98 de J.-C., sa persécution contre les Chrétiens, qui s'étendit jusques dans plusieurs parties de la Gaule Belgique, dont Reims était alors la capitale, a répandu avec les exécuteurs de ses ordres, dans Reims et aux pays circonvoisins, des médailles de son règne, et Brimont a en possédé quelques-unes.

La cinquième d'Hadrien, à l'effigie de ce prince, et avec cette inscription : *Imperator. Cæsar. Trajanus, Hadrianus. Pont. maximus.* Une preuve du séjour des Romains sous le règne de ce prince, dans le pays rémois, et depuis l'an 117 de J.-C., époque de son avénement au trône, c'est la découverte que l'on fit, en 1817, d'une de ses médailles proche la porte de Reims, qui aboutit au chemin qui conduit de cette ville à Laon ; elle est en or :

au revers de la figure d'Hadrien est celle de Trajan son père adoptif. Les deux inscriptions suivantes se lisent autour des deux figures, savoir ; autour de celle de Trajan : *Divo. Trajano. Patri, augusto* (Au divin Trajan père, auguste.) ; et autour de celle d'Hadrien : *Imp. cæs. Traj. Hadriano. p. t. Aug. G. D. Part.* (A l'empereur césar Hadrien, par la puissance tribunitienne, Auguste, Germanique, Dacique, Partique ; c'est-à-dire vainqueur des Germains, des Daces, des Parthes.

La sixième est d'Antonin-le-Pieux, avec cette inscription : *Antoninus. Augustus. Pius.* Successeur d'Hadrien, il monta sur le trône l'an 138 de J.-C ; il ne porta point d'édits contre les chrétiens qui pleurèrent sa mort arrivée le 7 mars 161. On a trouvé beaucoup de ses médailles dans le pays rémois ; au revers de l'une d'elles, on remarque un arc triomphal ou un temple ; ce qui paraît confirmer le titre de *Pius* que lui avait mérité la protection qu'il accorda à la religion. La médaille trouvée sur l'emplacement de l'ancien camp de Brimont est de la plus belle conservation.

La septième est de Marc-Aurèle Antonin, surnommé le Philosophe, avec cette inscription autour de la figure du prince : *Marcus. Antoninus. Augustus. Cæsar.* Ce prince ayant été adopté et associé à l'empire avec Lucius Verus son frère, par Antonin-le-Pieux, on vit pour la première fois deux empereurs romains régner ensemble, l'an 170 de J.-C.

Le mot *Germanis* qui se lit au bas du trophée militaire, représenté au revers de la médaille, doit nécessairement se rapporter à la guerre qu'il fit avec son frère contre plusieurs peuples de la Germanie.

La huitième est de Faustine, femme de Marc-Aurèle, avec cette inscription : *Faustina diva.* Ce surnom ne paraît que trop bien expliquer les grands égards que le prince eut pour elle, et qu'il prolongea même au-delà du tombeau, en lui faisant rendre après sa mort les honneurs divins, et en faisant élever des monumens à sa mémoire. Mais outre cette médaille trouvée sur la montagne de Brimont, les annales de Reims nous apprennent qu'en 1722, des ouvriers occupés à dresser le grand chemin qui conduit de Reims à Fismes, ont trouvé vers le lieu dit les *Vautres*, des tombes de pierre et de plâtre remplies de médailles antiques ; plusieurs portaient la légende *Faustina diva.* Cette découverte a été faite sur l'emplacement où était autrefois un village nommé Courmont ; il a disparu comme tant d'autres à la fin du XIII.e siècle, et il ne reste aujourd'hui qu'un moulin à vent qui en a conservé le nom.

La neuvième est de Posthume, avec sa figure et cette inscription : *Imperator. Cæsar. Posthumus. Augustus.* On apprend dans la vie de Gallien, que Valérien son fils qu'il avait associé à l'empire en 253 de J.-C., ayant été fait prisonnier par les Perses, Macrien, Posthume, Régilien, Saturnin et d'autres prirent le titre d'empereur et se soulevèrent ; et qu'aussitôt que Gallien fut repassé en Italie, vers l'an 260, pour en chasser les barbares qui y avaient fait une incursion, Posthume se fit proclamer empereur dans les Gaules, où il resta maître du pouvoir pendant sept ans; ainsi ces médailles y ont été frappées et répandues.

La dixième, bien conservée, est de Constantin, avec cette inscription : *Constantinus. Pius. Augustus ;* et au revers : *Soli invicto Comiti;* ce qui prouverait qu'elle a été frappée et mise en circulation au temps où le prince accompagna Constance Chlore son père dans la Grande-Bretagne, où il le vit mourir, et auquel il succéda en l'an 306 de J.-C. Ce revers exprime aussi les victoires que Constantin remporta sur les Gaulois et les Germains ; c'est par cette raison que ses médailles se trouvent répandues si abondamment dans beaucoup d'endroits de l'ancienne province rémoise, dont Brimont faisait partie.

Enfin la onzième médaille est à l'effigie de Maximin, surnommé Daïa, avec cette inscription : *Maximus. Pius. Augustus;* il fut créé césar en 305, et proclamé empereur en 308. Il paraît que ces médailles ont été frappées quand il monta sur le trône, et dans le temps que les empereurs Constance et Galère gouvernaient avec le titre d'Auguste, et qu'ils avaient associé Maximin et Sevère, alors césars, à leurs exploits militaires dans l'Espagne, dans les Gaules et dans la Grande-Bretagne.

Il résulte assez clairement de la découverte de ces onze médailles dans la montagne de Brimont, qu'elle a été pendant plusieurs siècles le séjour des armées romaines. Il y a tout lieu de croire que les sables de cette montagne en recèlent encore une grande quantité, et le tombeau dont je vais de suite donner la description, s'il n'est pas gaulois, vient encore augmenter la célébrité de ce village.

TOMBEAU ANTIQUE.

En 1790, des ouvriers de M. Ruinart de Brimont, en travaillant sur le bord du bois de la montagne, du côté du village, trouvèrent un monument fort curieux sur lequel on a formé depuis bien des conjectures.

Les uns l'ont attribué à Pharamond, premier roi de France en 420 de l'ère chrétienne, et ont pensé que c'était son tombeau; ils fondaient cette opinion sur ce qu'ils disaient avoir lu dans un ouvrage, qu'ils ne nomment pas, que ce prince avait été enterré dans un lieu appelé *Mons Bruti*.

D'autres s'appuyant sur la tradition déjà rapportée plus haut, prétendent qu'un temple consacré à Proserpine ou Hécate, avait existé dans cet endroit, et ils ont pensé par conséquent que le tombeau en question pouvait bien être celui d'un grand-prêtre de ce temple. D'autres encore ont cru, d'après une tradition, qu'il avait existé un couvent de moines-rouges ou templiers, très-proche de Brimont, et que le tombeau aurait été la sépulture d'un abbé ou commandeur de cet ordre.

Enfin un écrivain moderne (1) ne me paraît pas avoir formé une conjecture mieux fondée, en supposant que ce monument a été la sépulture d'un général anglais mort, dit-il, en 1359, lorsque Edouard III vint mettre le siége devant Reims, et fit établir le quartier-général du duc de Lancastre sur le mont de Brimont.

Pour démontrer que toutes ces conjectures ne peuvent raisonnablement convenir au monument, il suffira de suivre progressivement le travail de l'ouvrier, et examiner attentivement ce qu'il a découvert.

Le premier objet qui se rencontra sous son instrument, fut un vase de grès bleuâtre, de six pouces de hauteur sur dix de diamètre, qui ne contenait que de la terre. Cette première découverte l'engagea à pousser plus loin, en continuant de creuser plus avant au même endroit; il espérait trouver quelque chose de mieux. En effet, à quatre pieds plus bas, il rencontra un corps solide qui lui résista. C'était une tombe de plomb très-fin, de cinq pieds et six pouces de longueur, quinze pouces de hauteur et autant de largeur. Elle était placée à douze pieds de profondeur sous une énorme pierre presque ronde (2). La pierre

---

(1) J.-B. Géruzez, ancien génovéfain, professeur au Collège royal de Reims, dans sa Description historique et statistique de Reims (tom. 1, pag. 289). Châlons-sur-Marne, 1817.

(2) En 1823, le 10 décembre, j'ai été témoin de la découverte qui se fit dans un jardin, proche l'ancienne église collégiale de Sainte-Balsamie, sur le bord d'un ancien grand chemin militaire, d'une pierre de forme ovale placée en sorte d'autel sur deux autres pierres; au milieu était posée une petite fiole de grès jaunâtre, et plus bas

enlevée laissa voir la tombe placée entre deux grosses pierres en forme de bornes, et toute garnie d'une maçonnerie de plâtre faite, selon toute apparence, après son dépôt dans la terre.

La tombe avait la forme d'un coffre carré, dont le couvercle était bombé. Les quatre faces extérieures étaient ornées de bâtons en sautoir, ayant quelque rapport avec ceux de nos anciens maréchaux de France. Ces ornemens, suivant l'opinion des antiquaires, étaient tout-à-fait dans le style des premiers temps de la race mérovingienne.

Maintenant j'ouvre le tombeau avec un témoin respectable de sa découverte, M. l'abbé Ravelet, alors desservant de la paroisse de Courcy, ou plutôt je suis les détails qu'il a bien voulu m'en donner dans une lettre datée du 22 août 1817; car cet ecclésiastique a vu, examiné et manié tous les objets qu'il contenait.

Aussitôt, dit M. l'abbé Ravelet, que la tombe de plomb fut ouverte, on y trouva le squelette d'un homme robuste et d'une moyenne stature; les os étaient encore bien conservés; les cheveux paraissaient assez longs et touffus, et leur couleur était un peu rousse, le drap qui lui servait de linceul, et qui était déjà détruit en partie par le temps, a paru, au toucher, être un tissu de soie et de fil d'or, et la seule

---

une sorte de bûcher antique. J'ai expliqué ce monument, sépulture reconnue gauloise, au tome 2 de mon *Histoire civile et politique de Reims et de ses antiquités*, sous le titre *Antiquités de l'ancienne église de Sainte-Balsamie, à Reims*. Manuscrit de 1815 à 1826, pag. 239 et suiv. POVILLON-PIÉRARD *de Reims*.

forme d'un E que je crus y apercevoir, me fit conjecturer qu'on l'avait orné de quelque inscription.

Autour du sujet, continue M. l'abbé Ravelet, étaient incrustées dans du plâtre trois petites bouteilles de grès jaune, et six fioles de verre blanc placées de cette manière dans la partie intérieure du tombeau, savoir : deux bouteilles de grès gris-jaune aux bras; deux fioles de verre blanc aux genoux, et deux autres fioles de même matière aux pieds. Le troisième de chacun de ces vases était également incrusté dans le plâtre, à la tête du sujet. Les bouteilles de grès étaient longues, larges au milieu, et le col étroit. Trois des six fioles avaient une forme unie et étroite, et les autres avaient des cols repliés en dehors.

Outre ces bouteilles, on a encore trouvé incrustées dans le plâtre, et autour du même sujet, une ou deux petites colonnes rondes surmontées d'un chapiteau à peu près carré; la partie ronde de ces colonnes était d'environ deux lignes de diamètre, et le chapiteau d'une demi-ligne ou d'une ligne au plus. Mais ces espèces de petites colonnes, à l'ouverture du cerceuil, étaient cassées en plusieurs morceaux, et la fracture en paraissait nouvelle, ce qui sert à prouver qu'avant cette ouverture, tout était encore demeuré à sa place. Leur couleur était brune, et la matière broyée sous la dent a paru tenir de la terre cuite et du verre; le grain en était très-fin. Outre ces colonnes, il y avait encore quelques bouts de tubes de verre blanc, à peu près pareils à ceux d'un baromètre.

Outre ces objets, le même tombeau en renfermait d'autres non moins curieux et non moins utiles à l'histoire des antiquités romaines et gauloises; ils consistaient : 1° en une couronne ou espèce de cercle tant soit peu ovale, un peu plus épais du côté intérieur que du côté extérieur; elle a de quatre à cinq et de trois à quatre lignes d'épaisseur; la couleur est d'un brun foncé, et la matière, épreuve faite avec la plus scrupuleuse attention, a été reconnue de terre cuite ou de matière bitumineuse, et non de corne noirâtre, comme quelques personnes l'avaient cru : 2° en une espèce de crosse qui a quelque rapport avec le bâton augural nommé *Lituus* chez les anciens; la forme était recourbée vers le haut, et il était de la même matière que la couronne : 3° en deux petits objets, à l'un desquels on donne le nom de masse d'armes ou d'instrument pour les sacrifices, et l'autre celui d'un couteau pour le même usage; mais ils ne sont tous deux que des parties des deux colonnes dont il vient d'être parlé, et leur matière est absolument la même : 4° en deux larges vases nommés *patères*, l'un plus ouvert que l'autre, et dont on attribue l'usage aux sacrifices chez les anciens.

Tels ont été les objets trouvés dans ce tombeau célèbre, et dont quelques-uns sont encore entre les mains de M. le vicomte de Brimont, propriétaire de la montagne qui recélait ce monument. Maintenant qu'il me soit permis de placer ici les diverses objections sur les conjectures auxquelles cette découverte a donné lieu; je les prends dans une dissertation que j'ai faite en 1822 sur ce tombeau, et qui se trouve dans mes manuscrits sur les monumens et les antiquités de Reims, et dont j'ai adressé des copies à l'Académie royale des inscriptions et belles-lettres de Paris, et à la Société d'agriculture, commerce, sciences et arts de Châlons-sur-Marne, en la même année.

1° Le lieu de la sépulture de Pharamond est incertain ; ceux qui, peu versés dans la science de l'archéologie, ont pensé que le tombeau trouvé à Brimont pouvait être celui de ce prince, n'ont pu l'affirmer d'une manière positive, puisqu'ils n'y ont trouvé aucune inscription, aucune médaille, ni rien enfin qui pût favoriser leur opinion. Certains auteurs auxquels on pourrait avoir recours dans cette conjoncture, ont rapporté que Pharamond fut inhumé sur une montagne des Vosges, que les Allemands nomment *Frankembergue*, et les Français *Framont*. Un manuscrit de Bruxelles, cité par dom Bernard de Montfaucon, dans l'histoire des monumens de la monarchie française (*tom.* 1. *pag.* 7. Paris 1729), donne à croire, mais invraisemblablement, que ce roi franc fut enterré à la manière des Barbares, hors de la ville de Reims, du côté de Laon, sur une colline appelée en latin *Pyramis*. C'est d'après cette version, qui ne peut faire autorité, qu'on a supposé que le Mont d'Arène, près Reims, vers le nord, devait être ce monticule appelé *Pyramide ;* mais on a reconnu depuis que l'endroit en question présente les restes d'un amphithéâtre, et que c'est de là que lui est venu le nom d'Arène ; il n'a jamais eu la forme de ces tombelles que l'on nommait *Tumuli*, comme a paru le lieu où fut trouvé à Brimont le tombeau dont il s'agit ici.

2° L'auteur de la description historique et statistique de Reims, M. J.-B.-F. Géruzez, prétend que les tombes de plomb ne remontent pas au-delà de quelques siècles, et que par conséquent, celle trouvée à Brimont ne doit pas avoir plus de quatre ou cinq cents ans d'antiquité. C'est sans doute cette opinion qui lui a fait croire que le tombeau attribué à Pharamond, était plutôt celui d'un chef de l'armée anglaise, mort à Brimont, pendant le siége de Reims par Edouard III. Mais M. Millin, conservateur du muséum des antiques à la bibliothèque du roi, à Paris, dit, en parlant des bâtons placés en sautoir autour de cette tombe, qu'il y a beaucoup de temps que celle-ci subsiste. Le père Mabillon lui-même dit que les cercueils de plomb n'ont été en usage que depuis le quatrième ou cinquième siècle, et qu'on n'en faisait d'ordinaire que de pierre, au moins depuis que les rois de la première race eurent embrassé le christianisme; car pour les rois payens, ils avaient des usages bien différens (1).

Comme ce n'est que par la découverte et par l'étude de ces sortes de monumens que l'on peut prouver la vérité de l'histoire, je dirai seulement ici, pour aider à fixer l'opinion sur le tombeau trouvé à Brimont, qu'en 1816, j'ai été témoin de la découverte d'une tombe toute semblable, pour la matière, la

---

(7) *Mémoires de l'Académie des inscriptions et belles-lettres*, om. 2, pag. 633.

forme et les ornemens extérieurs sur les quatre faces. On la trouva dans une maison sise à Reims, rue Saint-Sixte, au Ban-Saint-Nicaise, et très-proche d'un ancien chemin militaire, appelé la *voie Césarée* ou *chemin de César*, et aujourd'hui *rue du Barbâtre*. Cette tombe de plomb renfermant seulement un cadavre, était à dix pieds de profondeur du sol et sous deux autres cercueils en pierre, qui se trouvaient séparés de la première par cinq pieds de terre, et du sol par également cinq pieds de terre. Cela prouve sans réplique que la tombe de plomb était plus ancienne que celles de pierre, car la terre entre celle-ci et les deux autres, n'a pas paru avoir été remuée. Mais une autre remarque encore plus importante, c'est que la tombe de plomb était placée dans la terre, dans la direction du nord au sud, et que les deux de pierre l'étaient au contraire de l'est ou l'ouest. Ainsi l'on peut regarder la tombe trouvée à Brimont, comme appartenant au temps de la domination et du séjour des romains dans les Gaules, et celles en pierre, comme l'histoire de Reims nous l'apprend, aux premiers temps du christianisme, lorsqu'il fut prêché dans cette ville (1).

3.° L'idée que M. Géruzez a insérée dans sa description historique et statistique de Reims, que le drap qui a servi de linceul au sujet enfermé dans le tombeau trouvé à Brimont, était semé de fleurs de lys d'or

---

(1) Povillon-Piérard. (*Histoire civile de Reims et de ses monumens*. Manuscrit. tom. 2. pages 134 et suiv. à l'an 1816.

héraldiques, a fait croire à M. Millin, conservateur du Muséum des antiques à Paris, que ces ornemens étaient plutôt des fleurons ou des espéces d'abeilles, et que par conséquent le tombeau devait être celui d'un roi franc, en ajoutant que les objets qui y avaient été renfermés, avaient représenté son sceptre, sa couronne et des vases à son usage ; mais l'opinion du savant antiquaire est une conjecture simplement hasardée sur unea utorité infidèle, et M. l'abbé Ravelet, qui a vu et manié les restes du drap, n'y ayant vu ni fleurs de lys héraldiques, ni fleurons, ni abeilles, détruit la conjecture (1).

4.° Les trois bouteilles de grès gris-jaune ne renfermaient pas une huile brune odorante et desséchée, comme l'a avancé M. Géruzez dans sa description de Reims ; M. l'abbé Ravelet n'y a rien reconnu de semblable, quoique l'épreuve en ait été faite sur le feu, dans une poêle où l'on avait mis ce qu'on avait trouvé dans ces bouteilles. Ce n'est pas qu'il faille insérer de cette épreuve, qu'aucune de ces bouteilles n'ait été remplie d'huile ou de senteurs aromatiques, puisque suivant M. Lenoir, conservateur du Muséum des Monumens antiques à Paris, ces bouteilles servaient à contenir des liqueurs balsamiques, au moment des funérailles du sujet autour duquel elles brûlaient.

5.° Le chapiteau et les colonnes qui l'ont soutenu au-dessus du sujet dans sa tombe de plomb, n'ont pu

---

(1) Povillon-Piérard. *Dissertation sur un tombeau célèbre trouvé à Brimont, en* 1790. Manuscrit de l'an 1823.

avoir été ainsi disposés que pour lui servir ou d'arc triomphal, ou d'une sorte de temple, ou même de petit mausolée, ainsi symbolisé pour lui faire honneur.

6.° En parlant de cette sorte de couronne de terre cuite, M. Millin dit dans sa lettre du 17 août 1817, à M. Géruzez, auteur de la description de Reims, qu'il possédait un grand croissant de pareille matière, trouvé dans une tombelle près d'Abbeville, et que les dessins de ces deux objets étaient du même goût; il renvoie pour les dessins trouvés à Abbeville au *Nœnia Britannica*, ouvrage très-rare et presque inconnu en France, mais qui doit se trouver à la bibliothèque du roi, à Paris (1).

7.° Suivant M. Lenoir, ces vases dont on a longtemps ignoré l'usage, n'étaient que de simples cassolettes dans lesquelles, à l'aide de charbon allumé que l'on y déposait, on brûlait de l'aloès ou de l'encens, pour entraîner la mauvaise odeur que pouvait répandre le corps du défunt pendant la durée des obsèques. Après cela on refermait la tombe de son couvercle, sans en retirer les pots ou cassolettes. Il y a tout lieu de croire, ajoute M. Lenoir, que l'usage d'inhumer les morts à découvert, vient de ce qu'on ne tenait point alors de registres mortuaires, et que c'était la manière de constater publiquement le décès (2).

---

(1) Povillon-Piérard. *Dissertation sur le tombeau de Brimont.* Manuscrit de l'an 1823, pag. 22.

(2) Alexandre Lenoir, *Musée des monumens français*. Paris 1810, in-8°, pag. 51.

PHYSIONOMIE ANTIQUE DE BRIMONT ET DES VILLAGES QUI L'ENVIRONNAIENT.

Les antiquités que je viens de décrire ne prouvent pas seules la haute célébrité de la montagne de Brimont ; la physionomie ancienne du village et de ceux qui l'environnaient nous en présentent d'autres encore non moins intéressantes, en même temps qu'elles serviront à compléter le tableau historique que je me suis proposé d'en faire. C'est pourquoi, avant de passer à la description topographique de Brimont, tel que nous le voyons maintenant, je crois devoir esquisser sa physionomie antique, et dire quelque chose des villages qui l'environnaient, et dont on trouve à peine aujourd'hui les ruines.

On ne peut pas douter que Brimont n'ait été jadis beaucoup plus considérable que nous ne le voyons de nos jours ; l'enceinte des fortifications qui l'environnaient alors, et dont on voit encore des traces bien marquées, renferme aujourd'hui un espace entièrement vide ; mais divers travaux exécutés dans cet emplacement pour aplanir le terrain, y ont fait découvrir des puits et des restes de construction très-solidement établie, tels que des caves, des pans de muraille en blocailles et en craie. On a aussi détruit depuis quelques années deux restes de pilastres distans de quinze pieds l'un de l'autre ; ils étaient en pierre et en craie, et comme ils se trouvaient précisément dans la ligne des remparts, on doit présumer qu'ils étaient destinés à recevoir une des principales portes du village.

A l'est de Brimont, et à peu-près à moitié chemin de Bourgogne, chef-lieu de canton, qui se trouve à trois quarts de lieues de Brimont, existait autrefois un endroit du nom de *Brimontel* ou *petit Brimont*. La destruction de ce village ne remonte pas à une époque bien éloignée de nous, puisqu'en 1726, comme on le voit au cartulaire de Reims, il renfermait encore 286 habitans. Il serait assez difficile d'expliquer les raisons qui ont pu déterminer cette population à transporter ailleurs son domicile, puisque depuis 1712, époque où le major Grovestain entra en Champagne, et désola les rives de la Suippe et le voisinage de Reims, il n'est pas fait mention d'autres événemens militaires qui aient pu donner lieu à une semblable catastrophe. Tout ce que l'on peut supposer de plus vraisemblable, c'est qu'un incendie ayant totalement ruiné cette commune, les habitans se seront réfugiés dans les villages environnans, et s'y seront fixés. L'emplacement de l'église et du cimetière n'est plus indiqué que par une croix de fer que M. de Brimont y fit reporter en 1797; car, en 1793, elle avait disparu comme les autres monumens de ce genre en France. On a trouvé dans l'emplacement de ce village beaucoup de tombes en plâtre, beaucoup de ruines de bâtimens dont les débris ont été employés à des réparations de route. On y a même aussi trouvé des médailles ou pièces de monnaie du moyen âge; mais les propriétaires, plus intéressés que curieux, les ont converties en argent , et aucune ne nous a été présentée.

Vers l'est-sud-est, à environ une demi-lieue de Brimont, et pareille distance de Bourgogne et Fresne, existait un autre village du nom de *Ruffy* , et le lieu dit a conservé le nom de *Cimetière.* Des tombes en plâtre trouvées en cet endroit, des ossemens humains qui se rencontrent encore tous les jours, indiquent suffisamment son emplacement et son usage; mais la tradition qui nous a conservé le nom de cet endroit, ne donne aucun autre renseignement sur l'époque où ce village a cessé d'exister. Dans l'histoire chronologique des capitaines pour le roi de la ville de Reims, et à l'an 1296, il est parlé des vexations que commencèrent à exercer contre les Rémois les enfans de Ruffy, citoyen qui avait été banni de Reims par les échevins de cette ville, pour cause d'homicide. Cette histoire nous apprend encore que cette guerre dura depuis 1296 jusqu'en 1312, et que les habitans de Reims avaient faits des emprunts si considérables que, pour les payer, ils furent obligés, depuis 1317 jusqu'en 1330, de faire sur eux, tous les ans, une levée de 1800 livres. Mais on ne sait pas si ces enfans et leur famille nombreuse et puissante portaient le nom de ce village, ni s'ils en avaient été les principaux propriétaires.

Vers le sud-sud-est, à peu près à moitié chemin de Brimont à Bétheny, dans un grand emplacement situé entre la garène dite des *Fossés-Bluteaux* et le *Bois-Soulain*, les habitans découvrent journellement encore les restes d'une très-grande habitation, tels que des pierres, des briques d'une fort grande dimension, et des grands morceaux d'entablement en terre cuite, de la même nature que les briques; la tradition du pays donne à croire que ce sont les restes d'un monastère de moines rouges ou templiers.

Il est une autre découverte que je ne dois pas passer ici sous silence, et que l'on vient de faire en décembre 1825. Deux ouvriers travaillant à environner de fossés une des dernières plantations de bois ordonnées par M. le vicomte Ruinart de Brimont, sur le bord et à quatre-vingts pas de la route de Neuf-Châtel, entre le bois Soulain et ce qu'on nomme le *Cran de Brimont*, y découvrirent à trois pieds de profondeur et parmi des débris de construction, le squelette intact d'un individu couché sur la face et sur une espèce de sabre entièrement rongé par la rouille. Cette arme n'avait point été ainsi placée au hasard; car on a remarqué que le cadavre avait la poignée sous le sein gauche, et la pointe dépassait la hanche droite; au reste, les os qui paraissaient encore tous soudés et fermes au moment de la découverte, sont tombés presque tous en poussière quand on a voulu l'enlever.

Ce dernier article vient encore fortifier tout ce que j'ai rapporté de la célébrité du mont de Brimont.

Avant de quitter cette portion du terroir de Brimont, je crois convenable de placer ici la description d'une borne milliaire découverte, il y a fort peu de temps, sur le bord de la grande route qui conduit de

Reims à Neuf-Châtel, et dans une partie de la Belgique ; elle porte l'inscription suivante :

IMP. CÆS. MAR.
PIAVONIO. VICTO.
RINO. P. F. IN. AVG.
PM. TRIB. P. COS.
PP. PROCOS. C. REM.
L IIII.

Cette inscription traduite en français, se lit ainsi :

A l'empereur César, Marcus, Piavonius, Victorinus, le pieux, l'heureux, l'invincible, l'auguste, souverain pontife, exerçant la puissance tribunitienne, consul, père de la Patrie, les proconsuls de la ville de Reims.

Cette pierre carrée est à pans coupés ; elle a près de cinq pieds de hauteur sur quinze à dix-huit pouces de largeur. Le nombre IIII ou quatre qu'on lit au bas, indique qu'elle était à quatre milles de Reims ; et c'est effectivement à cette distance qu'elle a été trouvée à environ moitié chemin du bois Soulain au camp de Brimont, que les habitans du pays nomment *Cran de Brimont*, par allusion sans doute à une coupure pratiquée en cet endroit de la montagne, par les Romains, pour diminuer la pente du chemin.

En traversant la route de Neuf-Châtel, et se dirigeant vers l'ouest, on rencontre un monticule que les habitans assurent être le cimetière de Roquincourt, autre village qui existait à l'ouest de Brimont, et à l'est de Courcy; une portion de ce dernier village a même pris et conservé encore aujourd'hui le nom de Roquincourt, sans doute parce que c'est là que vinrent s'établir les habitans de cette paroisse, à l'époque où elle fut détruite. Ce cimetière présente sous l'instrument des ouvriers ou du cultivateur, les mêmes débris que celui de Brimontel. Sur les anciennes cartes géographiques du diocèse de Reims et de la province de Champagne, on voit placé auprès de Roquincourt l'ancien village de Sainte-Anne, où se donna, selon les annales de Reims, le 4 juillet 1421, une célèbre bataille où il y eut un grand nombre du parti des Bourguignons tués. Un Mémoire sur la navigation de la Vesle, place sur la même ligne Roquincourt, les Fontaines, Loivre, le Gauda et Sapigneul. D'autres pensent que Roquincourt fut détruit à l'époque de l'invasion des Anglais, au commencement ou dans le courant du treizième siècle.

On sait que les Fontaines sont une source qui se trouve en remontant du nord-ouest au nord, et auprès de Loivre, en un endroit où est aujourd'hui bâtie une superbe maison avec de fort jolis jardins, appelée le *Château-Ruinart-des-Fontaines*, du nom de M. Ruinart-Vanderwecken, frère de M. le vicomte Ruinart de Brimont, propriétaire de cette maison.

Les eaux de cette source vont rejoindre le moulin du Goda, dans la direction qu'on leur a donnée; elles font par conséquent tourner aussi, de distance à autre, quatre moulins, en y comprenant celui du Goda, jusqu'à la rivière d'Aisne, mais toutefois à l'aide d'un autre petit ruisseau qui prend sa source dans la montagne d'Hermonville.

Tout ce que je viens de dire de Brimont et des villages qui l'environnaient, est bien fait pour prouver l'antiquité de ce village.

SITUATION PITTORESQUE DE BRIMONT, SA POPULATION, SON ÉGLISE.

Brimont est placé sur l'extrémité orientale de la montagne, environné de vignes plantées aussi d'arbres fruitiers, et adossé au mont de Brimont. Maintenant couvert de bois blancs et sapins, il offre à la vue du voyageur qui parcourt la route de Neuf-Châtel à Reims, un site entièrement romantique. Les routes tortueuses par lesquelles on y arrive, rappellent aux curieux les accès de nos antiques forteresses; mais il serait à souhaiter, pour l'utilité générale, que l'on redonnât à ces chemins une largeur plus convenable, et telle qu'au moins deux voitures pussent y passer de front. Les bois de la montagne sont peuplés de lapins-terre et de taissons ou blaireaux, qui s'y montrent quelquefois en assez grand nombre, et y causent de grands dégâts, aussi bien que sur le terroir environnant, comme nous l'apprend une ancienne chronique brimontaise, où il est dit que le 15 juillet 1767, M. de Villette, seigneur de Roquincourt, donna à M. Michel Vallet, lieutenant de Brimont, Brimontel, Fossé-Roquincourt, une somme de 312 livers tournois, sur laquelle ont été appréciés les dégâts que les lapins avaient faits dans les empouilles en seigle, aux environs des Bois-Soulains, dont ledit sieur Vallet a fait la distribution aux parties intéressées, à raison de 30 sous par douzaine. C'est pour la conservation de ses bois, comme pour la destruction de ces animaux nuisibles que M. Ruinart de Brimont a établi un garde de chasse, dans une fort jolie petite maison au bord du plateau de la montagne, et dont la situation est des plus charmantes.

Le village de Brimont est construit dans une des sinuosités du mont, et, vu de la montagne, il paraît dans un fond. Quelques maisons se distinguent des autres par l'élégance de leur construction, et par des couvertures en ardoises ; mais le village est généralement construit en carreaux de terre et en craie, et couvert de tuiles plates ou courbes, si l'on en excepte pourtant deux maisons qui ont une couverture de chaume. Chaque maison a un puits dont l'eau, qui coule sur le sable, est douce, agréable à boire, et propre à faire cuire les légumes et à dissoudre le savon.

La majeure partie des habitans sont cultivateurs et vignerons ; cette double exploitation rend leurs travaux pénibles et continus, et cependant il y a très-peu de domestiques ; ils font tout par eux-mêmes ; aussi les femmes et même les enfans y sont-ils utilement et activement occupés.

La population se compose aujourd'hui de trois cent

soixante-douze habitans, parmi lesquels on compte trente cultivateurs et quarante vignerons qui nourrissent dans leurs écuries de cinq cents à cinq cent vingt-deux bêtes à laine, trois cents bêtes à cornes et quatre-vingts chevaux ; outre les cultivateurs et les vignerons, il y a à Brimont un meunier dont le moulin à vent est situé hors du village, vers l'est. Deux couturières, trois maçons, quatre charpentiers, six tisserands, dont trois en toile et trois en drap, fabrique de Reims ; un cabaretier, un cordonnier, un maréchal ferrant, un charron, un instituteur pour les enfans des deux sexes, quatre manouvriers ; et parmi les patentés, un horloger, un marchand de bestiaux, et un autre qui fait le commerce de porcs.

On voit au cartulaire de Reims que, en 1726, il y avait déjà trois cent trente-neuf habitans à Brimont ; il résulte de ce tableau de comparaison, que la destruction de Brimontel n'a pas beaucoup augmenté la population de Brimont, dont les habitans récoltent à peu près tout ce qui est nécessaire à leur existence. Plusieurs sèment des navettes et colzas qu'ils échangent pour de l'huile, de sorte que la plupart d'entre eux ne tirent absolument de la ville que les objets dont ils ont besoin pour se vêtir. Leurs mœurs sont douces et paisibles, et à quelques exceptions près, ils ne rougissent pas d'être restés fidèles observateurs de la religion de leurs pères. Ce bon témoignage que je devais rendre à leurs qualités et à leurs vertus, me mène nécessairement à la description de leur église, où ils vont se réunir les jours de solennité, pour y rendre grâce à Dieu des bienfaits qu'ils reçoivent pendant la semaine, de sa bonté et de sa providence, et pour le prier de continuer sur eux ses bénédictions les plus choisies.

L'église de Brimont, sans être régulière, ni même d'un beau style d'architecture gothique, ne laisse pas d'être une des plus belles de tous les environs; elle est bâtie sur un monticule qui se trouvait autrefois au milieu du village, avant la destruction des maisons qui occupaient l'emplacement dont nous avons parlé plus haut, en décrivant Brimont considéré dans sa physionomie antique. Cette église est de toutes parts environnée par le cimetière qui est fermé de murs en blocailles, reconstruits en juillet 1746; autrefois il y avait une plantation de noyers faite en 1741, mais elle a été arrachée pour de bonnes raisons. Le sanctuaire est situé au levant, et le grand portail au couchant; deux portes latérales servent à l'entrée et à la sortie des habitans; le cimetière est également fermé par trois grilles de bois. Si l'on examine attentivement la construction de l'église, on reconnaîtra facilement qu'elle a été bâtie en différens temps, soit que quelques parties aient nécessité de fortes réparations, soit qu'on n'y eût travaillé qu'à mesure que l'on avait des fonds pour la continuer. La grande nef et la tour du beffroi, où sont deux cloches qui avaient été fondues en 1822, pour la cathédrale de Reims, m'ont paru appartenir au XIe siècle. La grande croisée méridionale est de même style que celle de l'église de Saint-Remi, de Reims, et par conséquent du XVIe siècle. Les autres parties de l'édifice, comme le rond-point du sanctuaire, les bras de la croix, m'ont semblé être une reconstruction du XVIIe siècle. Le beffroi est surmonté d'une flèche couverte en ardoises, qui a été reconstruite en 1735, en remplacement d'une autre beaucoup plus élevée, que le feu du ciel avait détruite ; il y a dans ce beffroi une horloge qui a été donnée à la paroisse par M. Ruinart de Brimont.

L'intérieur de l'église de Brimont est d'une grande propreté ; la nef, les ailes et le chœur sont plafonnés en planches ; le sanctuaire seulement et la sacristie sont voûtés ; les piliers et les arcades qui soutiennent les murs de la grande nef jusqu'à la croisée, sont du même âge que la tour. On y remarque un très-bel autel en marbre ; et une inscription incrustée au derrière de l'autel, fait connaître qu'il a été donné en 1763 à la paroisse de Brimont, par M. l'abbé Thiérion, qui remplissait encore les fonctions de curé de Brimont, à l'époque où la révolution le força de quitter ses paroissiens, au milieu desquels un séjour de près de quarante ans lui avait fait espérer qu'il finirait ses jours. Les fonts baptismaux en marbre sont aussi un présent de ce respectable ecclésiastique.

La fabrique de l'église a possédé une rente annuelle de 25 livres, qu'on appelait *le menu-cent ;* elle se percevait sur une terre comprenant quatorze arpens de loyer. Il y avait une fondation dite des *Prières de quarante heures*, faite ou établie le 28 février 1764, par le sieur Patouillard, de Brimont, et demoiselle Elisabeth Corbet, son épouse ; plus, une *confrérie de saint Fiacre*, patron des jardiniers. Le 1.er mai 1758, M.gr de Cydon, évêque de Glandeves, après avoir donné le sacrement de Confirmation dans l'église de Brimont, y établit aussi une autre *confrérie*, du nom *de Notre-Dame-Auxiliatrice*, à l'issue d'une mission qui avait été présidée et prêchée par le père Collot, religieux franciscain, de Reims. Aujourd'hui une seule dévotion, celle du *Via Crucis*, ou *Chemin de la Croix*, se fait tous les dimanches dans l'église de Brimont, soit avant ou soit après la grand'messe; elle subsistait avant la révolution, et avait été rétablie depuis par M. l'abbé Coutier, aujourd'hui curé de Verzenay, au diocèse de Reims.

Je reprends maintenant la description topographique de la montagne de Brimont, par rapport à son sol et à ses productions, et ensuite celle du terroir qui en dépend, et c'est par ce plan de mon tableau statistique que je veux terminer cet ouvrage.

LE SOL DE LA MONTAGNE DE BRIMONT, ET LE TERROIR QUI EN DÉPEND.

Le sol de la montagne de Brimont est composé d'une couche de sable jaune assez fertile, et d'une profondeur de 18 à 20 pouces, portée sur un tuf blanc absolument stérile; puis un banc de terre glaise, au-dessous duquel on trouve des bancs de pierre, d'une qualité supérieure à celle de tous les environs. Nous lisons dans l'histoire des Capitaines pour le Roi de la ville de Reims, qu'en 1346, le pont de la porte de Cérès de cette ville fut construit des pierres qu'on tira des carrières de Brimont et d'Hermonville; et que le pied de pierre, rendu de ces carrières à Reims, ne revenait, comme on le voit dans un gros livre qui est au cartulaire de la ville, qu'à sept deniers, la taille de ces pierres à trois deniers le pied, la journée des maîtres maçons à deux sols, celle des manœuvres à neuf deniers, et la voiture de grève à quatre deniers.

On rencontre aussi sur cette montagne des bancs de grès que l'on exploite de temps immémorial pour la confection des pavés; aussi ces carrières commencent-elles à s'épuiser, et déjà quelques-unes sont entièrement abandonnées, parce que les frais d'extraction excéderaient le produit de la vente.

Si l'on descend de la montagne dans la plaine qui regarde Reims, le sol est moins sableux que celui du mont, et quoiqu'il n'ait pas généralement plus d'un pied d'épaisseur, après lequel on trouve de la craie ou un tuf crayeux, il ne laisse pas d'être extrêmement fertile; mais il a besoin d'être amendé tous les douze ans. Ceux des cultivateurs qui attendent plus long-temps, récoltent aussi beaucoup moins. Le blé (seigle et froment) y est généralement d'une qualité supérieure à celui de tous les environs.

Le terroir et la montagne de Brimont se composent de cent arpens de vignes, de deux cent cinquante à trois cents de bois blancs et sapins, et de deux mille arpens de terres labourables; il n'y a ni terres vagues et vaines, et ni prés et pâturages. La culture des vignes se fait comme dans le terroir de la montagne de Reims et de la Marne; on renouvelle les terrains avec des terres jaunes que l'on prend sur la montagne, avec des magasins composés de moitié terre et moitié fumier, que l'on arrange par couches, afin de les mieux conserver. On amende les vignes tous les quatre ans; on les cultive à la bêche; un tiers est en hautes vignes.

L'intervalle qui sépare le mont de Brimont de la ville

de Reims est coupé par un bois dit le *Bois-Soulain* ou *Solain*, et aussi par des nombreuses plantations de peupliers et de sapins, dues aux soins de M. Ruinart de Brimont. Ces plantations ont beaucoup contribué à embellir cette partie du terroir. Le Bois-Soulain contient deux cents arpens de terrain; et un lieu, dit *la Vue-des-Bois*, prouve son antiquité et les changemens qu'il a subis. En effet, depuis plus de huit ans on y a trouvé, en travaillant au taillis, une très-belle médaille en argent, de la forme et du modèle de nos pièces de demi-franc (cinquante centimes ou dix sols); elle est de Gordien, avec cette inscription autour de la figure du prince: *Imperator. Gordianus. Pius. Augustus;* et au revers ces mots: *Securitas reipublicæ.* C'est celle frappée en l'honneur de Gordien le jeune, fils ou seulement neveu du second Gordien, et qui fut élu empereur romain, en 238, à l'âge d'environ seize ans; aussi le prince est-il représenté jeune sur la médaille. Le Bois-Soulain est encore connu par son antiquité dans les annales politiques de Reims, où il est dit qu'une voiture de ce bois, conduite à Reims, coûtait un sol, en 1346, époque où la porte Cérès à Reims fut construite en pierres. Ce qui fait encore remarquer ce bois, propriété de M. le Vicomte de Brimont, c'est une source que l'on prétend s'y montrer de temps à autre, et que l'on a nommée *le Fossé du Ruisseau-de-froid*, et plus souvent *le Froid;* il y en a qui veulent que cette source prenne dans le bois, d'autres disent qu'elle descend de la montagne de Berru, village éloigné de Reims de deux lieues, et dans la direction du nord-ouest. On l'a vue couler tantôt de temps à autre, et tantôt pendant l'espace de six à sept mois : lorsque sa crue est trop abondante, les eaux vont s'écouler dans la plaine, du côté de Roquincourt, par une sorte de canal qu'on lui a destiné, et qui est bordé de hauts peupliers plantés par les ordres de M. Ruinart de Brimont. Cette source, selon les annales brimontaises, s'est montrée pour la première fois dans le bois Soulain, le 1.er avril 1751, et une seconde fois elle a coulé très-abondamment, entre les deux Bois-Soulain, le 11 août 1758.

Mais avant que de descendre de la montagne de Brimont, nous avons dû nécessairement promener nos regards sur cette immense plaine et sur cette belle et longue chaîne de montagnes qui nous environnaient dans la position élevée où nous nous sommes trouvés placés. En effet, d'un côté, et du nord-ouest au nord-est, est une belle chaîne de montagnes dont l'agréable perspective va se perdre à Neuf-Châtel, même jusqu'à Marchais, près le fameux bourg de Liesse ; elle renferme et embrasse dans un espace immense de terrain plus de quinze villages, les rivières de Suippes et d'Aisne, et plusieurs grands chemins. De l'autre côté, et de l'ouest à l'est, en prenant le sud pour le centre du point de vue, est une autre perspective non moins agréable, mais dont la vaste plaine porte la ville de Reims qui en fait le plus bel ornement, et dont la magnifique cathédrale paraît à l'œil du spectateur éloigné, semblable à un superbe vaisseau immobile sur une onde calme et paisible. Les montagnes qui environnent cette royale ville du Sacre de nos souverains, dans un éloignement de deux à trois lieues, lui forment une riche couverture des dons de Cérès et de Bacchus.

Si je terminais ce tableau statistique sans parler de la maison de campagne que possède au pied de la montagne de Brimont, M. le Vicomte Ruinart de Brimont, on pourrait avec raison me reprocher d'avoir manqué mon but, en omettant une des plus intéressantes descriptions de ce territoire; et les habitans eux-mêmes, dont une partie doit son existence et son aisance à M. le Vicomte, m'accuseraient d'avoir gardé le silence sur la description de cette maison qu'ils regardent depuis si long-temps comme un foyer de chaleur et de vie pour eux.

La maison de M. Ruinart de Brimont est assise au pied et sur la pente méridionale du mont; elle est entièrement isolée, et à une portée de fusil du village de Brimont. Celui de Courcy n'en est qu'un peu plus éloigné. Ce dernier village offre un beau point de vue, et le tableau est fermé de ce côté par la montagne de Saint-Thierry, dont on peut sans peine voir et compter tous les villages. La face principale de cette maison a l'aspect du midi; la ville de Reims s'y découvre dans toute sa plus grande étendue, et la vue n'est bornée de ce côté que par la montagne de Reims et ses riches coteaux de vignes.

Au nord de cette maison, et en gravissant la montagne de Brimont, nous avons vu un superbe et riche clos de vignes, propriété de M. le Vicomte de Brimont. En partant de ce clos, le plus beau et le mieux cultivé de tous ceux du pays, les annales brimontaises nous apprennent que M. Ruinart de Brimont, d'heureuse et bonne mémoire, père de M. le Vicomte, a commencé à bâtir, au bas de sa grande vigne, en juillet 1735, sa maison connue sous le nom de l'*Hermitage*, et qu'elle fut d'abord occupée par un économe vigneron, en 1749: ce nom lui est encore resté de nos jours, où il se voit gravé sur une table de marbre noir, incrustée au-dessus de la grande porte d'entrée. Les mêmes annales nous disent aussi que l'Hermitage fut incendié par accident, le 26 avril 1761, et rebâti par M. Ruinart de Brimont, puis beaucoup embelli par M. le Vicomte.

Si je ne craignais de blesser la modestie du propriétaire de ce beau site, je ferais la description des appartemens et de leur ameublement; mais je me contenterai de faire remarquer que la distribution en est telle qu'il serait impossible d'y rien changer, sans nuire à l'utilité et même à l'agrément de la maison qui est divisée en maison rurale et en maison de maître. On remarque dans l'un des offices de la maison de maître, un robinet d'eau placé pour l'usage des cuisines; sa source est le résultat de trois cent quatre-vingt-sept toises d'excavation faite par M. Ruinart de Brimont, et par M. le Vicomte de Brimont son fils, sous le superbe clos de vignes qui est au pied de l'Hermitage, dans la pente méridionale de la montagne. Cette source coule par divers embranchemens, et vient tomber dans un réservoir d'où elle est ensuite répartie dans la maison.

Un vaste et magnifique cellier, capable de contenir deux mille cinq cents pièces de vin, outre les deux pressoirs et leurs ustensiles, a son entrée dans la cour-d'honneur; des caves analogues à la grandeur du cellier ont été creusées sous une partie des vignes; elles sont toutes de plain pied, très-solidement construites et bien voûtées.

Je n'essaierai pas non plus de décrire la beauté et le

site des jardins et des terrasses qui embellissent cette maison ; leur plan et leur culture variés à l'infini les rendent charmans. On y remarque la colonne milliaire dont j'ai parlé dans cet ouvrage, plusieurs cabinets de verdure, des ponts, des grottes en coquillages et en toute sorte de pierres, et un fort joli hermitage où l'on peut goûter le frais, et se reposer de la longue promenade que demande l'étendue des jardins.

Mais ce qui ajoute le plus encore à la beauté comme à l'intérêt de ce manoir, c'est une chapelle que M. le Vicomte de Brimont vient de faire construire au bout d'une des principales allées de son jardin, du côté de la maison et dans la direction de l'est. Cet édifice construit dans le genre gothique, a son entrée principale sur une longue et belle terrasse. Le portail est terminé par un clocheteau en pierre, du même genre d'achitecture ; il est percé tout à jour, et contient une cloche. La chapelle est éclairée de côté et d'autre par quatre verrières blanches ornées de plusieurs médailles de verres de couleur, représentant des figures de saints et des rosaces ; la rose du portail est du même genre. Le chevet est de forme circulaire ; on y a élevé un bel autel en marbre. Ce monument est consacré sous l'invocation de la sainte Vierge ; et tel que je l'ai vu, on peut assurer qu'il sera un des plus beaux de ce genre, tant par sa noble simplicité que par son emplacement qui forme un beau point de vue à cette partie de la maison, qui était alors la seule qui en manquât. La chapelle a été solennellement bénite le 13 juin 1826, par Son Eminence M.gneur le Cardinal, Archevêque de Reims, accompagné de MM. ses Vicaires-généraux.

C'est là que je terminerai le tableau statistique de la montagne et du village de Brimont : il me resterait pourtant encore beaucoup de choses à dire ; car j'ai omis de faire remarquer que M. le Vicomte Ruinart de Brimont a fait depuis douze ans planter en sapins plus de douze arpens de terrain sur le revers septentrional du mont, et a ainsi rendu utile un vaste emplacement qui ne pouvait être empouillé que tous les trois ans en avoine.

Mais tant d'embellissemens utiles et agréables ne rendraient pas ce tableau plus intéressant, si les qualités et les vertus du maître de cette maison ne les relevaient de beaucoup plus encore, et s'il n'était toujours pour le brimontais un véritable père dont ils bénissent, petits et grands, jeunes et vieux, les bontés et les égards. S'il est un reproche à me faire en terminant tout ce que j'avais à dire de Brimont et de son principal propriétaire, c'est d'avoir blessé sans doute sa modestie. Du reste, puisse ce faible essai, tout pour l'utilité publique, vrai monument d'histoire pour les Brimontais, autant que pour M. le Vicomte Ruinart de Brimont et sa respectable famille, être honoré des éloges encourageans de la Société d'agriculture, commerce, sciences et arts du département de la Marne, à l'examen de laquelle je le soumets ! Les veilles et les loisirs du plus dévoué de ses membres correspondans seront, à ce prix, plus que récompensés, et son but sera entièrement rempli.

POVILLON-PIÉRARD, de Reims.

www.ingramcontent.com/pod-product-compliance
Ingram Content Group UK Ltd.
Pitfield, Milton Keynes, MK11 3LW, UK
UKHW012114240726
13965UKWH00004B/1757